U0065382

學習共同體——構想與實踐

佐藤學 著
黃郁倫 譯

【台灣版序文】

我看「學習共同體」在台灣的普及歷程

「學習共同體」的學校改革已經席捲了亞洲許多國家，翻譯並出版本書的台灣也不例外。相較於亞洲其他各國（日本、中國、韓國、香港、新加坡、印尼、越南等國）的導入歷程，「學習共同體」在台灣的普及卻有其相異之處。

十五年前在日本第一間前導校創設成功後，「學習共同體」的學校改革開始在數年後影響鄰近國家的韓國及中國，更在約十年前導入香港、新加坡、印尼及越南等國；然而，不知何故，唯獨台灣的反應長期偏向淡薄。

二〇一二年春天，在《親子天下》出版我的著作《學習的革命》中文版後，台灣的教育情況出現了極大轉變。《學習的革命》一書的出版，瞬間席捲台灣的教育界，獲得報紙、雜誌、電視、廣播等媒體的大力報導，在極短的時間內一躍而為教育暢銷書（該書並獲得二〇一二年亞洲出版獎之優秀獎）。除此之外，更因該書的出版，「學習共同體」的學校改革影響了台北市、新北市、新竹市、台中市教育局的教育政策，在短短不到一年的時間內，台灣全國已有約一百所國高中及小學，以創設前導校為目標開始實踐。「學習共同體」的學校改革在台灣的普及速度、規模及其支持度，已遠遠凌駕了亞洲其他各國。

為何「學習共同體」的學校改革得以在台灣引起戲劇性的發展？就我的觀察而言，其蘊含了以下三個祕密：

第一、面對全球化的競爭，東亞各國在轉型為「二十一世紀的學校」的途中，共通的難題皆為如何擺脫「追求以考試為目的的學力」之弊病。而「學習共同體」的學校改革，提示了最適於「二十一世紀的學校」典型的願景及哲學。

第二、「學習共同體」的學校改革強調保障每一位學生的學習權利，以及促進每一位教師身為專家的成長，提示了最合乎民主主義的改革。為了實現學校教育中「對品質及平等的同時追求」，「學習共同體」的學校改革主張構築教室的「協同學習」（collaborative learning）、教師間的「同僚性」（collegiality），和家長、地區居民的「參加學習」。此三種做法確實得到了極大的效果及極佳的評價。

第三、「學習共同體」學校改革的願景、哲學及活動系統，是包含日本在內的亞洲諸國許多教師睿智的結晶。很多人認為「學習共同體」的學校改革，是我一個人的創意及發想，其實正好相反。此學校改革的願景、哲學及活動系統是我以日本約兩千五百所學校，以及海外二十八國約五百所學校的訪問為基礎，持續三十二年與教師們協同研究及實踐的結果；其所有內容代表了亞洲各國無數教師不厭其煩的珍貴挑戰經驗及實踐知識。

學校改革的問題，皆在教育現場；解答也唯有在教育現場才找尋得到。而「學習共同體」學校改革的所有內容，便是我從無數的教育現場所學習到的結晶。

在本書中，我儘可能簡潔並確實的說明「學習共同體」學校改革的願景、哲學及活動系統。本書的文字雖然精簡，卻包含了許多傑作、理論及實踐的精闢內容。期待讀者能以本書為導入的開端，在實踐中豐富自身的改革願景、哲學及方略。

相同於《學習的革命》一書，本書同樣由黃郁倫小姐（東京大學大學院博士課程在學）翻譯，《親子天下》編輯部編輯出版。黃郁倫小姐卓越的翻譯能力及其對學校改革的熱忱，讓我敬佩不已。感謝《親子天下》對於「學習共同體」學校改革的厚愛及推薦。更感謝在台灣許多學者友人的支持，歐用生教授、林曼麗教授、陳麗華教授、楊思偉教授、陳佩英副教授、翁麗芳教授等。

本書除繁體中文版之外，並計畫出版簡體中文、韓語、印尼語及英語之翻譯。在急遽變動的時代，東亞各國無不追求教育的創意及革新。期待本書能成為各國學校改革的基礎平台，為東亞諸國教育的發展助一臂之力。

目錄
contents

【前言】

改革的起始與升溫

標榜「學習共同體」的學校改革正在普及。約莫三十年前，由我提倡學校改革並開始加以推動；到大約十五年前，學校改革的構想得到全面性的實踐，不僅從構想變成現實，並且呈現爆發性的普及。

一九九五年，「學習共同體」的構想於日本新潟縣小千古市立小千谷小學展開實踐，一九九七年長岡市立南中學也加入實踐行列。一九九八年時，神奈川縣茅之崎市教育委員會則以上述兩校為範例，創立了濱之鄉小學，也就是「學習共同體」的第一所前導校。二〇〇一年靜岡縣富士市立岳陽中學成為第一所前導中學；二〇〇五年之後，如：廣島縣立安西高中、東京大學教育學部附屬中學、靜岡縣立沼津城北高中、滋賀縣立彥根西高中等，日本全國各地陸續創設了多所前導校。到二〇一二年，正在挑戰「學習共同體」此一學校改革構想的小學約有一千五百校、中學約兩千校、高中約三百校，更有約三百所的前導校成為改革的據點，並串連起行動網絡。

二〇〇〇年後，「學習共同體」的學校改革構想也普及至日本以外的國家。由於我的著作及論文紛紛翻譯出版，韓國、墨西哥及美國首先導入，並擴大到中國、新加坡、印尼、越南、印度及台灣。如日本一般，這些國家的實踐也獲得爆發性的普及；特別是在亞洲，「學習共同體」也以最具力量及希望性的草根運動而聞名於各國。

為何「學習共同體」的學校改革構想能夠得到眾多教師及從事教育行政者的熱烈支持與信賴，進而形成範圍寬廣的行動網絡？而「學習共同體」究竟是針對什麼，並做了怎樣的改革？此外，學校要導入並推動此一改革時，需要做出什麼變革？在本書中，我希望針對這些問題儘可能的答覆。

要探究「學習共同體」的學校改革構想與實踐，必須先了解學校改革的歷史及社會背景、思考學校本身及其功能的轉變，和學生、教師及家長對學校的需求；同時，也必須認識學校當前的危機所在，才能探討改革的可能。因此，本書不僅是打造「學習共同體」實踐學校的入門書，也是設計符合現代社會需求的學校教育，及其未來藍圖的前導書。

然而，「學習共同體」的學校改革之路，是沒有「標準作業流程」（SOP），也非學校問題「處方箋」的；將「學習共同體」導入「標準作業流程」或「處方箋」來進行改革的學校，沒有任何成功的案例。在最近十五年當中，進行改革並宣告失敗的學校數量相當稀少，而這些失敗的案例，多數正是將「學習共同體」以「標準作業流程」或「處方箋」導入改革的學校。

學校改革的事業，其困難度遠遠超乎一般人及教師的想像。學校是文化及社會的縮影，要解放學校使之成為理想國是不可能的；此外，人們對於學校存在各式各樣的期待，要調和所有期待並使其一致，也是不可能的任務。猶有甚者，幾乎所有學校的教師、學生及家長，長年來都經歷過無數的改革挫折及相互的不信任，即使提倡再有希望的學校改革構想及政策，在真正獲得信賴及實踐之前，仍必須克服許多的質疑和不信任。

學校改革唯有從校內展開才有成功的希望。日本從明治時代以來，許多的教育改革都以國家權力為中心，貫徹由上而下（top-down）的教育政策。而這些上意下達的改革，是否真的改善了學校？或者，這些強制性的教育政策，現在是否仍在學校內部被採用？

學校改革不容許失敗。一旦改革失敗，會在學生、教師及家長內心留下傷痕，進而衍生出對教育感到虛無、冷漠及怨恨之情。因此，改革需要極度的慎重。在此同時，我們還必須歷經多次失敗並從失敗中學習，學校改革才得以獲得成功。這是極大的矛盾，但學校改革的大業唯有經歷許多失敗，累積經驗，才有可能達成。

三十二年前，我開始挑戰學校改革，最初的十多年幾乎都以失敗收場，失敗的學校達一千所以上。雖然挑戰宣告失敗，可是每次的過程中，如：授課改革、學習方式改革、課程改革、校內研習改革、校長領導能力的改善、與社區構築協力關係等等，都獲得了部分的改善；然而，若學校無法進行整體改革，便無法稱之為成功；因為僅止於部分的改善，不管如何受到肯定，數年後一定會如原來的木阿彌（元の木阿弥[註]）一般恢復原狀，無法形成持續性的學校全體改革的力量。

另一方面，也就是累積了超過一千所學校失敗的痛苦經驗，現在不論遇到多麼困難的學校，我都能夠設計出一條成功改革的道路。這中間也出現了極大的矛盾，相信「學校改革能夠成功」的人，所實踐的改革不可能成功；唯有認知當中的「不可能」，才有可能將學校改革導向成功之路。因此，學校改革的第一步，在於體認到改革是一件極其困難的事，而「學習共同體」的學校改革自然絕非例外。

譯註：木阿彌原為一僧侶，年輕時決心與妻子離緣、出家修行；在年老時，卻因身心脆弱，回到妻子身邊，長年的修行化為烏有。因此元の木阿弥（原來的木阿彌），意指狀態暫時改善，但又恢復原狀。

第一章　二十一世紀的社會及學校

二十一世紀的學校

「學習共同體」的學校改革，是為了實現「二十一世紀的學校」的改革。「二十一世紀的學校」的議題形成，源自於一九八九年東、西德柏林圍牆倒下後造成世界的全球化。此番議論有其根據，一直以來，我們所熟知的學校，稱為「近代學校」，是以統合國民國家及發展工業社會兩大基盤為主要功能的組織；可是冷戰瓦解後所帶來的全球化，卻使上述兩大基盤突然崩解。

柏林圍牆倒下後的二十年間，各國都採取「二十一世紀的學校」做為教育的構想，進行政策化的改革。這項進展不僅先進國家與發展中國家有所不同，包括北美、歐洲及亞洲各國也多有不同，各自展開複雜且多樣化的改革。然而，概觀OECD（經濟合作暨發展組織）三十四個加盟國中先進國家制定的課程政策，即可看出以下四點共通的特徵，也就是「二十一世紀的學校」的成立基盤。

一、對應知識社會

二、對應多文化共生社會

三、對應有差異危機的社會

四、對應成熟的公民社會

對應知識社會

當社會由工業主義轉變為後工業主義，先進國家的勞動市場遂產生極大的轉變；專事生產的勞動人口驟減，知識產業（資訊、經營、金融）及服務產業（福祉、醫療、教育、文化）則跳躍性地擴增。處於知識高度化、複合化及流動化的情況下，為了對應上述的變化，學校教育就必須成為生涯學習的基地，孕育學習者成為學習的主體，給予他們將來能夠持續學習的基礎教養；進行創造性思考及探究式學習，培養學習者能與他人溝通的能力。

日本社會也受到全球化的影響，大半的生產工廠及勞動資金轉移至發展中國家，造成一九九〇年代以後的勞動市場產生大幅變化。舉例來說，一九九二年日本企業對高中畢業生的求才職缺為一百六十萬人，十年後的二〇〇〇年卻驟減為十五萬人，青年勞動市場消減了約九成之多。（面對市場經濟及勞動市場如此激烈的變化，日本的教育改革卻未能做出有效的對應，造成大量的失業青年及非正職員工，使青年對於將來產生極大的不安。）

對應多文化共生的社會

因應全球化的趨勢，世界各國皆越過國境的高牆，轉變為多文化共生的社會。亞洲各國雖尚未如ＥＵ（歐盟）或ＮＡＦＴＡ（北美自由貿易協定）般形成區域的聯合組織，但考慮到除了南、北韓及日本以外，亞洲地區有許多國家均為多文化國家的狀況下，今後勢必急速轉型為多文化共生的社會。

對應有差異危機的社會

全球化的社會是以「包容或排外」（inclusion or exclusion）的政治所構成，其結果取決於民主主義的成熟度，可能造成參與社會者和被社會排除在外的人之間的界線，更加擴大了經濟及文化的差異，而產生許多不同的危機。這個影響在日本也極為深刻。根據ＯＥＣＤ對於相對貧困率的調查，日本社會與土耳其、墨西哥及美國同樣出現貧富差距擴大的變化，一五・七％的學齡兒童已落入貧窮階層。

對應成熟的公民社會

全球化潮流下的世界各國皆因地方分權（decentralization）及放鬆管制（deregulation）削弱了國民國家的保護膜，讓公民社會有機會出頭；基於此一變化，更加深了種種弊端：民粹主義[1]（populism）所帶來的民主危機、公共道德的崩壞、個人主義過分擴張所造成的利害衝突及訴訟的激增、個人精神負擔及精神疾病的嚴重化等等。倘若上述現象愈趨嚴重，將有如典型的美國社會，由於人民不關心公共事務，造成民主主義失去機能，可能轉變為倚賴律師的訴訟社會及心理諮商社會的危險。因此，世界各國無不將「公民教育」（citizenship）納入「二十一世紀的學校」的中心課題之一。「公民教育」是培養世界的公民、國家

1 譯註：民粹主義意指平民論者所擁護的政治及經濟信條，如爭取更多利益等。

的公民及地區的公民三種「公民性」的教育，並具體實施於主權教育、公共倫理教育、問題解決教育及社會貢獻教育中。

「二十一世紀的學校」，更以「同時追求品質（quality）與平等（equality）」為根本原理。抱持工業主義為經濟發展要因的發展中國家，其教育改革目前仍以「量」的達成為中心目的，而受到後工業主義所影響的先進國家，則盡皆以「同時追求品質與平等」做為教育改革是否成功的基準。最能夠說明此一根本原理的佐證，是二〇〇〇～二〇〇三年由OECD所進行之「國際學生能力評量計畫」（PISA）。在PISA調查中名列前茅的芬蘭、加拿大、澳洲等國，其教育的成功無不來自於「同時追求品質與平等」。

寧靜的革命

柏林圍牆倒下後二十餘年，先進國家的學校緩慢而確實地達成了可謂「歷史性變化」的教育改革。從「二十一世紀的學校」的教育中，可以發現下述三種變化。

第一、課程由「計畫型課程」轉為「單元型課程」

。在此，我將「計畫型課程」稱為「階梯型課程」，「單元型課程」則稱為「登山型課程」，並比較這兩種型式。「計畫型課程」是以大型工廠生產線為原型所設計出來的課程型式，將課程安排得如同階梯般一階一階往上架構，以「設定目標—達成目標—給予評價」做為課程活動的結構單位。而「單元型課程」則以「設定主題—探求主題—做出表現」為課程活動的單元，如同登山一般，學習也有許多路徑，所追求的是學生在學習經驗中獲致各自的發展性。此外，「計畫型課程」所重視的是「達成目標」及「結果的評價」（效率性及生產性）；「單元型課程」則追求學習經驗的「意義」，並以品質來評斷其「價值」。因此，在「計畫型課程」中，學習的過程是單向且狹小的；「單元型課程」中，學習的過程是複雜且多樣的。「二十一世紀的學校」所追求的，便是將課程由「計畫型」轉為「單元型」。

第二、由傳統上課方式轉為協同學習。目前世界各國除了發展中國家之外，教師站在教室前方授課、學生面對黑板回答問題、抄寫並背誦課文的傳統上課方式，皆已被放進博物館「收藏」。先進國家的教室，小學一、二年級會將座位排列成團團圍坐，以及採取兩人一組的小組學習；小學三年級以上到中學、高中則在課堂實施男女混合、四人一組的協同學習。有趣的是，上述的變化並非由任何人登高一呼所產生，而是默默在世界各國同時崛起發酵，我將之稱為「教室的寧靜革命」。根據我的觀察經驗（二十五年中訪問二十多個國家的三百多所學校），「教室的寧靜革命」在八〇年代以加拿大為中心拓展開來，九〇年代前半進入美國，後半普及於歐洲諸國，並在進入二十一世紀後滲透至亞洲各國。

此一課堂及學習方式的「寧靜革命」的發生，乃是因應社會朝後工業主義的變遷（知識社會），可說是學校教育最典型的變化。因為社會需求的改變，各國無不開始追求透過創造性及探究性學習，養成活用知識的能力及處理資訊的能力，以及在社會上生存所必需的解決問題能力及溝通能力；「二十一世紀的教育」正是「教室的寧靜革命」最大的推動力。由使用黑板轉向電子白板的變化，更加速了「教室的寧靜革命」的進行。（在電子白板的普及方面，日本遠遠落後於世界各國。）

二〇〇〇年以後，「教室的寧靜革命」更在中國、韓國、台灣、香港、新加坡、印尼、馬來西亞等亞洲諸國及世界各地熱烈展開。上述許多國家皆以制定國家政策由上而下的方式，斷然實行「二十一世紀的學校」，原因就在於全球化所造成的國際間經濟競爭，其中又以東亞國家的情形最為激烈嚴重；是否能成功脫離舊教育制度及方式，掌握了國家未來存亡的關鍵。以國家政策施行由上而下的教室革命，是否真的能同時達成教育的「同時追求品質與平等」，其進展有待日後觀察；但可以確定的是，教師單方面授課說明的課堂，以考試和背誦為中心的學習，今後將不可能於亞洲地區復活。

第三、學校功能的變化。九〇年代以降，因地方分權改革的進展，提高了對學校自律性的要求，並期許學校具備做為各地區共同體的教育文化中心的功能；而「同時追求品質與平等」，也進而推動了教師職業能力的高度化及專門化。現今的學校，不僅是教師們身為教育專家互相學習的場域（professional learning community），更背負著地區共同體的文化中心之重要任務。

因此，標榜「學習共同體」的學校改革，就是以達成上述三大條件的「二十一世紀的學校」為構想而設計，並在日本及海外的實踐中達到爆發性的普及。

加拿大的教室（小學一年級80年代）

加拿大的教室（高中80年代）

美國的教室（小學五年級90年代）

法國的教室（小學四年級90年代）

德國的教室（小學一年級90年代）

瑞典的教室（中學2000年代）

芬蘭的教室（小學2000年代）

芬蘭的教室（中學2000年代）

韓國的教室（中學2000年代）

中國的教室（小學2000年代）

（本書所有照片皆為作者實際訪問所拍攝）

第二章　「學習共同體」的願景及哲學

願景的優先性

每次向教師提及學校改革，必定聽到「時間不夠」、「人手不夠」、「資源不夠」等標準答案；然而，改革中最缺少的「願景」，卻極少被教師們提到。假使沒有願景，不知自己要形塑出什麼樣的學校，投入再多的時間、資源、金錢及努力，都只是流於白費力氣。因此，在學校改革中，「願景第一」（Vision is the first priority.）。

「學習共同體」是學校改革的願景及哲學。就根本而言，學校為何要進行改革？學校的核心責任是否單單在於打造「特色學校」？而學校改革的核心目的是否僅在於「提升學力」、「培育具有國際競爭力的精英人才」，抑或「創造優秀的課堂」？上述問題的答案絕非肯定。

學校的公共使命及責任在於「不放棄任何人，保障每個孩子的學習權利，提高其學習品質」，並透過「同時追求品質與平等」，為形塑「民主主義的社會」做準備。而教師的使命與責任，則與學校完全相同。

然而，實現此一目的並非容易之事。不論教師及教育相關人士多麼努力，孩子還是隨著學年增長逐漸失去學習欲望，甚至從學習中逃走。這是日本學校教育的現況。這個現象的發生，絕對不是教師、校長或教育當局的努力不夠。根據文部科學省（編按：日本中央省廳之一，統籌教育、文化、科學、體育等事務）的調查，教師平均一週工作時數達到五十二小時，已超過法律規定的一週四十小時，可見學校政策及教師並非努力不足，而是努力的方向有誤。

教師的工作可以用街頭藝人的丟球戲法（juggling）來比喻，在課堂上，教師必須一邊對應學生甲、一邊回答學生乙的疑問，一邊注意上課進度，一邊詳細使用教材，一邊準備下一個學習活動，有如變戲法似的同時拋接許多顆球。這項丟球戲法也在教職員室內持續發生，教師們一面計算營養午餐費、一面出席校務會議並分配任務準備書面資料、一面苦惱未參加畢業旅行的學生該做怎樣的安排、一面撰寫社團活動的外出計畫申請書等等。

現今學校的危機之一，就在於教室及教職員室都處於不停拋接球的狀態，手上已經有數不清的球在輪替，來自學校以外「請做這個」、「請做那個」的球還一直對著教師們拋過來。因此，教師們最大的不滿，便出自於「由校外丟入過多的工作，而喘不過氣」。要求過剩的教育改革，使得教室及教職員室處於丟球戲法狀態，並且轉往更激烈的方向發展。

當學校已處在應接不暇的拋接球狀態，若校長又不具備改革的願景，就會將校外丟進來的球全部接應過來，壓垮教師及學生；而沒有願景的教師同樣會將從教室外丟進來的球全部接到手上，進而壓垮學生。因此，願景是學校改革的第一要件。一位擁有明確自我願景的校長，知道能將不必要的球先保留在自己手中，只專心地拋出重要的球，如此一來，才能將教師及學生從混亂的拋接球狀態中拯救出來；而擁有明確自我願景的教師，也會懂得保留不必要的球，只專心地拋出重要的球，藉此保障每一個孩子的學習權利，實現最高品質的學習。

故，我在此定義「學習共同體」的學校願景：

——**「學習共同體」的學校，是培育學生互相學習的學校，是培育教師身為教育專家互相學習的學校，是家長及地方居民協力參與學校改革、互相學習的學校。**

透過此一願景，成為「學習共同體」的學校將可實現「不放棄任何人，保障每一個孩子的學習權利，提高其學習品質，為形塑民主主義的社會做準備」的公共使命。

「學習共同體」的哲學

我將下述三大哲學列為「學習共同體」的學校改革的基礎根基，也就是公共性的哲學（public philosophy）、民主主義的哲學（democracy）及卓越性的哲學（excellence）。

1、公共性的哲學

學校是公共空間，必須對內及對外開放，故學校改革的第一步，就是打開教室大門。我從多年的失敗經驗中得知，只要有任何一位教師不肯打開教室大門，就不可能實現任何學校改革。對我而言，不論在實踐上多麼優秀的教師，若不能一年至少公開一次授課情形供其他教師觀摩，實無法認可其為公立學校的教師。因為不論這名教師的授課有多優秀，不能一年公開授課一次的話，勢必會將學生私有化、教室私有化、學校私有化、教職工作私有化。為了發揮學校公共空間的機能，教師必須做到至少一年一次的公開授課，以便構築能與所有同僚共同培育學生的緊密關係。

2、民主主義的哲學

沒有任何場所比學校更需強調民主主義，現實上，卻沒有任何場所比學校更失去民主主義的機能。我在此處所指的「民主主義」，並非指多數表決、也非政治手法，而是杜威（John Dewey）所定義之「與他人共生的生存方式」（a way of associated living）。

我曾在一所學生人數三百五十人的學校做過調查，發現一年內曾在教職員室被教師提起姓名並討論的學生，僅佔總人數的百分之一；其中多數是問題學生、學力低落的學生、學力極高的學生，以及活躍於社團的學生。像這樣的學校真的可以稱為尊重民主主義的學校嗎？答案是否定的。如果學校沒辦法做到不放棄任何人，以學生的全名來討論所有學生的學習狀況，便無法稱之為民主主義的學校。

民主主義在教師團體中也常被忽視。教職員會議都由固定幾個人發言的學校、以說話大聲的教師的意見決定營運方向的學校、在課堂研議會裡存在不發一語的教師的學校，都不能稱為民主主義的學校。說話大聲的教師中沒有任何一人是優秀的教育實踐者；因為真正優秀的教師，不論年齡或擔任科目，都是非常安靜的。這群教師沉穩地工作，透過輕聲細語真正活化學校的營運、實現高品質的教育。因此，學校改革要獲致成功，除了學生、教師、校長及家長都成為學校的主人翁（protagonist）協同學習之外，別無他法。

為了實現學校及教室中的民主主義，學生同儕之間、學生及教師之間和教師及教師同僚之間，都必須創造出「互相聆聽的關係」。沒有任何場所比學校更需重視對話的重要性，但真正實現相互對話的學校卻少之又少。校長的發言總是獨白；教職員會議中教師的發言是獨白；教室中學生的發言也是獨白。要實現「學習共同體」的構想，唯有構築互相聆聽的關係，方能為接下來的對話做準備，才有可能達成對話式的溝通。

3、卓越性的哲學

不論授課或學習，若不追求卓越，則不可能產生豐厚的果實。所謂卓越性的意義，並非是與他人比較後的優越感，而是不論處在什麼樣的條件下，都能夠應對該條件並竭盡全力表現的卓越性；不因學生的能力較低而降低學習的程度，也不因學生的家庭環境困難而減少學習的內容。在授課及學習兩者的實踐上面，若無法時時刻刻追求最高程度的知識，便無法實現真正的授課及學習。對學生也需提出同等的要求，不論其處在任何條件之下，都要非常謹慎及細心，養成不斷追求最高品質學習的習慣。誠如杜威所言：「教育是習慣的養成」，而這句話應當在卓越性的哲學支持下才算成立。

一般而言，許多教師在課堂上所設計的課程內容程度都太低。截至目前為止，我所觀察超過一萬次的課堂情形之中，幾乎沒有一次課堂是因為內容程度設定太高而失敗，反倒是大多數失敗的課堂，原因皆出在課程內容程度設定的太低。此外，對教師及學生而言，提高課程內容的程度來追求卓越，更能夠培育學習中最重要的倫理——謙遜（modesty）。

第三章 「學習共同體」活動系統

改革的活動系統

「學習共同體」的學校改革，是以前述的願景及哲學為基礎，在實踐上，則以下列三個活動系統構成：教室中的協同學習、教職員室中教師的「學習共同體」及構築同僚性、家長及地方居民協力改革的參加學習。此三種活動系統能夠將前述的願景及哲學在教師及學生的日常活動中具體化，自然且必然地在學校內構築及建置「學習共同體」。

而開發此三大活動系統的原因為何？我先說明其背景。如前所述，我在開始實踐的最初十年間，經歷了一千所學校以上的痛苦失敗經驗。這些改革都只達成了部分的改善，未能達到學校整體的改革。但是在學校改革中，不論條件及要素為何，只達成部分的改變，學校改革是不可能成功的。

經過十年的連續失敗，我認為學校改革最困難的部分，在於因為進行改革而造成學校內部的分裂。在改革的實踐中，若一方面出現了熱心改革的教師，另一方面卻仍出現質疑並抗拒改革的教師，則學校內部將陷於分裂狀態。無論何種學校改革，絕對不能引起內部的對立或分裂。學校內部的分裂會在學生群中引發連環效應，也會對真誠地實踐改革的良心教師造成嚴重傷害。若學校改革可能在校內引起對立及分裂，這樣的改革斷然不能實踐。因為改革所帶來的失敗及缺憾，遠比其帶來的成功及優點，能產生更加深遠的影響。

對我而言的另一個難題，還有如何使「學習共同體」的學校改革，成功地蛻變為不論條件再困難的學校都可能實現的改革。假使不能提出在任何困難條件下都能實踐的改革，便無法獲得校長、教師及教育相關當局的信賴。然而，學校改革是如此困難的事業，需要極其先端的智慧和龐大的時間及資源。為了成功推動學校改革，其願景、哲學及方法必須值得信賴、值得挑戰。在這樣的目標之下，如何設計出不論條件如何困難的學校都可能實現的改革呢？

故，經我思考、設計出了「三大哲學」及「活動系統」。「活動系統」的設計，在於讓實踐的教師及學生，能夠透過參與活動，深刻感受公共性、民主主義及卓越性等三種哲學。

對教師而言，「活動系統」相當重要。以往教師決定學校的改革政策及推動改革時，會事先透過校內討論再進行表決。不過，透過討論而決定改革的成功例子卻相當稀少。教師們雖單純的相信「只要透過討論就可以達成共同的理念及做法」，但是就學校改革的政策而言，從以前到現在是否的確有透過討論而達成共同理念或做法的案例呢？我認為在學校內「透過討論達成共同的理念及做法」一事，是不可能的。特別是在條件困難的學校，實際狀況會演變成教師間的情誼「愈討論愈惡化」。就現實而言，互相討論不一定真的能導向民主主義。許多透過討論卻遭受懷疑的改革，最後不都改以「程序[2]」使其正統化？

基於現實狀況的考量下，為了實現學校改革中的民主主義，最好的做法為何？首先，需要共同思考改革的「願景」及「哲學」，得到共識後，再以「活動系統」為基礎進行實踐。「活動系統」便是從此一背景當中所得到的構想。

在教室裡導入學生的「協同學習」、在課堂研習時構築「教師的『學習共同體』」，透過這個「活動系統」，學生及教師均得以追求高品質的學習；且公共性、民主主義、卓越性的三大哲學也得以具體化。「實現學生的學習權利、保障教師身為專家的成長、建立地方上大多數家長的信賴」，我相信沒有任何教師、學生或家長會反對「學習共同體」的願景；也沒有人會反對公共性、民主主義及卓越性的三大哲學。在推動學校改革的願景及哲學時，要避免因討論而產生對立，「活動系統」便是最好的做法。

為了讓「活動系統」能有效運作，還必須達成一個重要的準備條件，也就是「對話式溝通」。

在學校要形成對話，必須在教室、教職員室及學校和地方上構築「互相聆聽的關係」。唯有「互相聆聽的關係」才能形成對話式溝通，也才得以透過對話式溝通實現教師及學生的學習，創造「學習共同體」。「聆聽他人的聲音」可說是學習的出發點，也是能構築出對話式溝通的民主主義的基礎。

2 譯註：此「程序」係指許多改革的推動，最後都不是透過教師，而是如同遵照指導手冊一步步地導入、實施。

第四章　以協同學習為基礎的課堂改革

小組學習的成效

在「學習共同體」的學校改革中，**小學低年級是採全體共同學習及兩人一組、小學三年級以上及中學、高中是採男女混合且四人一組，以協同學習為中心組成的課堂**。如同前述，除了發展中國家及像北韓的特殊國家，這樣的課堂及學習方式，目前已成為全球各國的標準。而「學習共同體」的學校改革中，強調組織以協同學習為中心的課程，原因還不止於此。

第一、**協同學習是學習的本質**。傳統的學習心理學常以「學生的學習為個人活動」為題進行研究，可是無論什麼樣的學習都非個人即可進行。個人能夠進行的唯有「練習」及「背誦」；學習卻是與嶄新世界的相遇與對話，透過與教材、同學及自我的對話及協同學習，重新編織知識的意義及關聯。因此，學習需要教師及同學，並以「協同」為根本。其實，「學問」的英文單字discipline，在中世紀時帶有「弟子的共同體」的意義；而意指「研究」的study，則包含「友情」的意思。

第二、為了實現不放棄任何人、保障每個學生的學習權利，協同學習是最有效的方法，能讓學生同儕相互學習。四人以下的小組式互相學習，遠比各種形式的課堂更能強制的促進學習。傳統的上課方式，學生有可能出現看似在聽課，實則學習怠惰的情況，但置身在四人以下的小組，每個學生都不得不參與學習討論。為使每個學生的學習成立，學習的強制機能便顯得極其重要。

第三、小組的協同學習，可有效回復成績低下學生的學力。對於低學力的學生，許多教師都希望透過教學方式的改善來克服問題；就現實而言，光靠教師的努力，即成功解決低學力問題的例子極其稀少。小學教師通常要教授約四十個學生，而中學、高中的教師要教授近二百個學生；在這種情況下，期望教師能對應並指導每一個低學力的學生，誠屬幻想。可是透過參與小組式的協同學習，使低學力學生的學力恢復的例子卻不勝枚舉。

第四、協同學習能夠保障高學力學生挑戰更高程度學習的機會。為了達成此一目標，必須具備以下條件：協同學習必須包含向更高程度挑戰的課題，也就是「伸展跳躍的學習」。從一般的思考來看，協同學習被認為對於低學力的學生較有利，而不利於高學力學生的學習。確實，若協同學習是依照低學力學生的程度進行，並限定於這個程度，對高學力的學生來說，可謂是被迫在原地踏步，確實不利於學習。然而，我們必須再一次詳細地觀察並檢討這個現實狀況。

「學習共同體」的學校的協同學習，必須以兩個課題為根基，來設計授課內容：一**是每人都必須理解的「共有課題」（教科書程度）**，一**是以共有課題的理解為基礎，所挑戰的「伸展跳躍的課題」（教科書以上的程度）**。有趣的是，實際觀察授課情況的細節，會漸漸發現在「共有課題」中得到最大利益者，是高學力的學生；相反地，在「伸展跳躍的課題」中得到最大利益者，則是低學力的學生。這個現象是怎樣產生的？

在「共有課題」中，通常透過小組的協同學習（也稱為個人作業的協同化）來組織教科書的內容。所謂個人作業的協同化，如同字面的意義，就是透過互相幫助來進行個人的作業，也是協同學習的特徵。

此外，需要補充的是，進行「共有課題」時，許多教師為了活化互相學習的方式，會以小組為單位，要求學生共同完成一張學習單；這個方式並非個人作業的協同化，也非協同學習所建議的進行方式。因為在「共有課題」中，如何讓每一個學生確實理解授課內容極其重要。上述以小組為單位，要求全組成員協力完成課題的做法，可能導致以聽得懂的學生為中心進行活動，而聽不懂的學生則可能被分配到無關緊要的工作。

個人作業的協同化，做為互相學習的開端，是由不懂的學生提出：「嘿，這裡怎麼做？」的疑問所展開。面對產生疑問的學生，必須先理解該名學生不懂的問題點，接著為了使不懂的學生能夠理解，必須思考說明的方式；而得到幫助的學生，也必須認真思考聽到的說明內容。如此一來，以透過他人的幫助為媒介展開思考，不懂的學生便能超越光靠自己一個人所能達成的學習程度。事實上，要解決低學力的問題，沒有任何方法比小組式的協同學習更具效果。在許多次的課堂觀察中，每回最讓我感動的，都是學生比教師更能支援並支持低學力同學學習的場景。

仔細觀察以聽不懂的學生提問「這裡怎麼做？」而出發的對話，發現其所帶給回答問題的學生的影響，要比聽不懂的學生來得更大。因為**藉由回答聽不懂的同學的問題，已經聽懂的學生反而經歷了「修正理解」的程序**。「理解」，有諸多不同的程度：能夠理解、能夠說明自己理解的內容、能夠把自己理解的內容教給同學，而最高程度的「理解」則是能夠回答聽不懂的同學的疑問，給予支援。透過回答聽不懂的同學的問題，很多已聽懂的學生因此而更加深刻地理解知識。

學習並非限於由「基礎」到「發展」的漸進方式

「共有課題」設定成符合教科書的程度，而「伸展跳躍的課題」則設定成教科書以上的程度。「伸展跳躍的課題」的程度取決於互學關係的成熟度；但就一般情況而言，課程內容的程度設定得愈高愈好。具體來說，在授課時，假使全班學生都能完成「伸展跳躍的課題」，表示課程內容的程度設定太低了。**我們希望達成的程度，是在課堂結束後僅有一半或三分之一的學生能完成課題**。學習過程中最重要的，是讓學生能夠沉浸在學習的快樂，「伸展跳躍的課題」正好可以實現此一重要目標。當學生面對「好像理解卻又不太明白」的課題時，往往是最能沉浸在學習裡，並體會學習的快樂的時刻。

協同學習中「伸展跳躍的課題」，絕非單單僅有益於高學力的學生。誠如前述，在「共有課題」中，聽得懂的學生比聽不懂的學生獲益更多；從課堂觀察裡也可發現，「伸展跳躍的課題」不僅給予高學力的學生益處，連低學力的學生也從中得到極大的益處。其中的原因為何？

一般人常認為學習是由「基礎」朝向「發展」漸進，這個思考方式固然正確，但是這樣的進展只發生在高學力的學生身上，理由是低學力的學生在「基礎」階段便已經出現瓶頸。那麼，低學力的學生究竟是如何學習的？仔細觀察「共有課題」及「伸展跳躍的課題」的協同學習過程，往往可以發現低學力的學生面對「伸展跳躍的課題」，也就是活用基礎知識的學習時，會導引出「原來是這樣」的想法，用以理解「共有課題」的基礎知識。由此可見，低學力的學生其實是從「發展」朝向「基礎」展開學習。

上面提及的發現，代表了兩個重要意義。第一、這種狀況證明了**越是低學力的學生越不喜歡教師嘮叨的說明，反而喜歡挑戰式的學習**。第二、從以前至現在，對於學習過程的認識總是局限在單向的「理解↓應用」，透由上述的發現則顯示，**在學習過程中「應用↓理解」也同時展現了重要的功能**。實際上，面對學生學力低落而感到苦惱的學校，我時常強調應提高授課內容的程度，組成「伸展跳躍的學習」；這個方法對於解決低學力問題能展現確實的效果，也具有合理的根據。

「小老師關係」及「互學關係」的差異

究竟如何將協同學習導入課堂？首先必須認清楚一件事：「小老師關係」及「互學關係」具有決定性的差異。「小老師關係」乃指聽得懂的學生單向地教導聽不懂的學生，當中並不存在任何「互惠關係」（reciprocal relation）；**「互學關係」卻是從聽不懂的學生提出：「嘿，這裡怎麼做？」的問題為出發點的學習關係，透過互相討論，讓聽不懂的學生與聽得懂的學生相互幫忙，使「互惠關係」得以成立**。因此，我將「小老師關係」稱做是「多管閒事的關係」，「互學關係」則稱之為「若無其事的溫柔關係」。

我強調「互學關係」而非「小老師關係」，還有其他的理由。在「小老師關

協同學習的風景（小學）

協同學習的風景（小學）

協同學習的風景（中學）

協同學習的風景（高中）

係」中，容易造成被動地等待教師及同學援助的學生。這些被動地等待的學生進入中學及高中，等不到他人提供答案時，必然會轉變成「充滿怨恨的學生」——怨恨自己被教師放棄、被朋友放棄，因而更有可能掉入變壞的泥沼。低學力的學生必須培育出能靠自己脫離泥沼的能力，也就是信賴他人、向他人尋求援助的能力。由聽不懂的學生提出疑問所展開的「互學關係」，則使協同學習的目標變得可能。

現今有許多小學、中學及高中都努力推展小組式互學的課堂改革。但是這樣的改革有部分是採「合作學習」（cooperative learning），而非「學習共同體」的學校改革所推動的「協同學習」（collaborative learning）。有很多教師容易將此兩種學習方式混淆，我將詳細說明如下。

首先，在翻譯用語時已顯得混亂。「cooperative learning」常被教育、心理學相關人士[3]翻譯為「協同學習」而產生混亂。此後，為了明白提示兩者的相異處，心理學界的研究者有時將「collaborative learning」譯為「協動學習」或「協調學習」。而我所提倡的「協同學習」是「collaborative learning」，與心理學家所指稱的「協動學習」或「協調學習」相同。

3 註：特別是一九五〇年代至六〇年代推動「小組討論會」（buzz sessions）討論學習的研究者。

那麼，「合作學習」與「協同學習」究竟有何相異之處？

「合作學習」在美國是相當普及的小組學習方式，最具代表性的研究首推社會心理學家Johnson & Johnson的理論及Slavin的方法。「合作學習」的方式奠基於下列兩個理論：一是集團學習的達成度比個人學習要高，一是合作關係比競爭關係的學習達成度要高。這兩個背景理論並沒有錯，加上「合作學習」非常容易用「方式」及「做法」定型，因而普及於美國各地。日本出現許多「協同學習」的翻譯書，其實指的都是「合作學習」。

而「協同學習」是以維高斯基（L. Vygotsky）的近側發展區理論及杜威的溝通理論為基礎，透過對話式溝通（協同學習），將學習的活動認知為文化及社會的實踐，組成活動式、協同式及反思式的學習。因此，「協同學習」的重點並非「合作學習」中的協力關係，而是文化上的實踐（文化內容的認識活動），重要的是在學習中構築意義與關係，也就是社會的實踐。

要將「協同學習」如同「合作學習」般定型為與教育內容無關的單純授課技

巧，是非常困難的。舉例來說，在數學課與國文課的「協同學習」中，其發展方向肯定不同，無法以一種特定「做法」將授課形式化。故，在學校現場所強調的「互學關係」多數是容易形式化的「合作學習」，因為相較之下，「合作學習」比「協同學習」更易於操作和普及。

不論「協同學習」在實踐及研究上面，要加以方式化、形式化或具體化有多困難，為了提高學習的品質、維持學習過程的複雜性、複合性及豐富性，推動「協同學習」始終是「學習共同體」的學校改革的重要任務。

此外，更需留意「互相發表」及「互相學習」的不同。教師在實踐課堂改革時往往會混淆兩者的相異處，我亦在此加以說明。通常，教師傾向於追求踴躍發言的課堂；但在「我！」、「我！」聲中，看似活躍發表意見的課堂上，發言的內容僅止於已經聽懂了的部分，但在大多數的課堂中，學習並未真的發生。同樣的，進行小組討論時，許多表現活躍並大聲交流意見的小組，其學習也令人意外地並未成立。**學習能夠成立的小組，討論及交流都是輕聲細語的進行，每一個人**

仔細聆聽同伴的低語，相互深入思考。

因此，協同學習所追求的目標，並非「互相發表」，而是「互相學習」。而學習的成立與否應該如何認知？我將學習成立的條件表示於五一頁圖，加以說明。

在這個三角圖形中，首先「真正的學習」指的是符合學科本質及精神的學習；數學課追求數學式的思考及學習、歷史課追求歷史性的思考及學習、國文課追求文學性的思考及學習、音樂課追求音樂式的思考及學習。比方說，在文學的學習上，與教材的對話極為重要，所以相較於與同伴的對話（討論），在國文課時必須更重視與教材的對話（回歸教材），並以此做為學習的中心。而在科學（自然科）的學習上，「假設—實驗—驗證」的程序固然重要，但是科學探究的本質仍在於以自然現象為模型說明科學原理，因此在自然課時採取探究性的學習，透過觀察及實驗理解並構成原理，當然非常重要。

至此，我已詳盡說明了「互學關係」。為了使學習成立，就應該追求「互相

學習成立的要件

真正的學習（authentic learning）
（符合學科本質的學習）

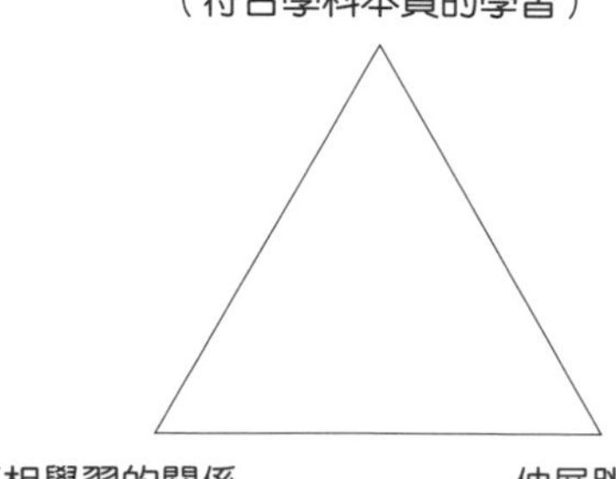

互相學習的關係
（互相聆聽的關係）

伸展跳躍的學習
（創造性、挑戰性的學習）

聆聽的關係」，而非「互相發表的關係」。

「伸展跳躍的學習」也已經詳加說明。如同維高斯基的近側發展區理論所指出，學習是透過他人及道具援助的「伸展及跳躍」，必須儘可能讓學生挑戰更高程度的課題。

而學習的三角圖形，最初可以從小三角形展開，透過協同學習漸漸發展為大三角形。期待教師們能以此三角圖形的形象為基礎，設計並實踐協同學習。

幾個技術性問題

在本章最後，我想談談幾個常被問及的技術性問題：如何組織小組、如何活用小組，以及如何配置ㄇ字型教室。

（1）如何組織小組

以男女混合組成四人小組，一旦超過四人，一定會有人被排除於學習之外。如果班級人數無法完整分成四人小組，建議將一組四人小組及一組五人小組拆成三組的三人小組；意即三人小組將比五人小組更能有效地參與學習及討論。男女混合的理由，則在於混合性別有益於活化探究性學習。另外，關於小組的組成，建議將多樣個性及能力的學生隨機編組。抽籤分組是最好的方式，並可適度[4]的更換組別或座位。

（2）何時導入、何時結束小組學習

一個課堂裡必須組成「共有課題」及「伸展跳躍的課題」兩種學習。在小學

中年級的課堂，適度組成全班的協同學習及小組的協同學習；**小學高年級、中學及高中的課堂，則以前半段為「共有課題」、後半段為「伸展跳躍的課題」為基本型態**，再依內容調整時間比例進行。要判斷何時該結束小組的協同學習同樣非常重要，建議在小組學習結束或學習結束之前回復全班討論。需注意的是，一旦學習結束而未及時返回全班討論，則可能破壞學生專心學習的節奏。

在小組的活動中，教師必須儘可能的不介入。因為教師來回巡視課堂，反而會干擾學生的學習。針對無法參與討論的學生及學習停滯的組別，則給予最小限度的援助。

（3）關於ㄇ字型的教室配置及小組協同學習的關係

當課堂的內容是以全體學生為對象時，以ㄇ字型的座位（研討會型式）安排進行。這麼做的理由是ㄇ字型的教室座位，是使每位學生參與協同學習的基本條

4　譯註：例如每月一次或每兩個月一次抽籤更換座位。

件。

在歐美學校的課堂中，從開始到結束都採小組活動進行。主要原因是歐美學校的教室，學生平均人數都在二十人以下，易於進行小組的協同學習；對於學生人數平均三十人以上的日本學校而言，一堂五十分鐘的課若單以協同學習展開，具有相當的難度。因此，為了解決教室內學生人數眾多的問題，課堂中必須合併使用全體的協同學習及小組的協同學習兩種方式，才令我思考出ㄇ字型座位的教室配置。當然，小學高年級以上，可從頭到尾實行小組式的協同學習，或是全體學習及小組式協同學習交互進行。到底要採取何種方式進行，必須靠教師的個性做出判斷。

在「學習共同體」的學校中，常見教師坐在椅子上，讓全體學生進行協同學習，實現高品質的互學關係。此時，**教師就像在扮演室內樂團指揮的角色**，實踐研討會式的協同學習。當教室內的互學關係成熟時，請務必嘗試這樣的授課方式。

提升學力的問題

我再回答另一個常被詢問的問題：關於提升學力的問題。推展「學習共同體」改革的學校，不論狀況為何，盡皆達成學力向上的實績；其中更有不少學校出現了令人驚訝的進步成績：有些原本在縣內或市內程度最低的學校，竟超越了縣平均及全國平均成績，達到高標。到底有何祕訣？

提升學力並非「學習共同體」的學校改革的中心目的。我們希望達到以公共教育的使命為基礎，實現每個學生的學習權利，儘可能提高學習的品質；促進每位教師身為教育專家的成長，為民主主義的社會做預備。而學力的提升則是實踐的結果，並非目的。以我多年的經驗來看，提升學力最大的祕訣，就在於不以提升學力為目的。學力的提升，是學習經驗提升的結果，並非目的；充分認知箇中關係極為重要。

實踐「學習共同體」的學校，不論背景或條件為何，學力的提升最初都出現在B問題（發展學力），然後才續行至A問題（基礎學力）。這項結果卻與教師具備的常識背道而馳。教師們通常認為待「基礎學力」提升之後，「發展學力」才會提升，事實卻與其相反。

在「學習共同體」的學校改革的經驗裡，學力的提升是最後實現的結果。改革進行的最初階段，較早實現的結果是每個學生都參與學習、問題行為消失、輟學人數激減等，而學力的提升則需要兩年或三年。還有許多事例顯示，學力的提升並非逐漸向上，而是在時機成熟時突然一躍而上。

此外，**學力的提升很像「兩段式火箭」向上躍升。第一階段，原本低學力的學生提升了學力，提高學校整體的平均分數；第二階段，中高學力的學生也提升了學力，將學校的平均分數再向上拉高**。倘若在實踐過程中，沒有出現「兩段式火箭」的結果，數年後則會導致全體平均分數下降。因此，不間斷地追求「伸展跳躍的學習」相當重要。

第五章　構築教師間的同僚性

同僚性的構築

「學習共同體」學校改革的中心目的之一，在於構築能夠支持每位教師身為教育專家成長的學校。為了達成此一目的，所有的教師都必須公開自己的課堂，透過校內的課堂研議會議構築同僚性。

教師的成長可分成兩方面：身為工匠（craftsmanship）的成長，以及身為專家（professional development）的成長。為了支持上述兩種成長，構築校內教師的「學習共同體」極為重要。身為工匠的成長，指的是獲得「技巧」及「風格」，方法就是「模仿」；而身為專家的成長，指的是「實踐與理論的統合」，方法則在於「個案研究」（case method）（個案研究＝課堂研究）。

一直以來，日本的學校一年約舉行三次課堂研究，並將研究成果編寫成手冊，進行教師研修活動。一年光是三次的課堂研究，並不能使課堂有所改變，學校改革也不會因此有進展，而且那種成果手冊，根本也沒有人閱讀。「以為我做好了」或「證明我有做」的教師校內研習，即使實施了也極少獲得效果。

此外，日本各學校大約每五年到十年，都會被指定為指定研究校，進行為期二到三年的研究活動。一旦最後一個研究年度的公開研討會結束，所有的研究成果編印成冊後，研究活動便宣告結束。至今尚未聽到有任何學校在指定研究期間結束之後，仍持續研究的事例。「這樣，大概有一段時間不會輪到我們了」，就是這種安逸感及徒勞無功的結果，才衍生出後續的停滯。

況且，一年三次的課堂研究，幾乎所有的公開授課都交由年輕教師擔任，再由資深教師提出個人的意見。資深教師們在年輕時都有過公開授課，並在下課後遭受嚴厲批評的痛苦體驗，因此不願再進行課堂研究，使得課堂研究的傳統，無法從根本進行改革。而像這種程度的課堂研究，到了高中更是幾乎已沒有任何學校實施。

如同前述，只要有一位教師封閉教室的大門，學校改革就不可能實現。**唯有每一位教師公開自己的課堂，構築互相學習的關係，學校改革才有可能得到豐碩的成果**。教師的研究成果更不應該是印製手冊而已，而是教室內學生在學習中所發生的種種事實。教師們一同挑戰及創造教室裡學生學習的事實，從觀察事實中相互學習，實為無比重要的過程。

課堂的實踐是複雜且複合的，充滿了不確定性。不論交由誰來實踐，失敗絕對無法避免。因此，議論課堂的成功或失敗，無法得到任何成長。**任何的課堂實踐中，教師都必須強調以下三大目標：尊重每個學生的學習尊嚴、尊重教材的發展性、尊重教師自身的教育哲學**。我認為這是教師在課堂實踐中必須追求的三大課題，並用六十頁圖的三角形加以闡釋。

我們所追求的，是教師們以此三大課題為基礎，在課堂實踐及課堂研議會

教室的學習課題

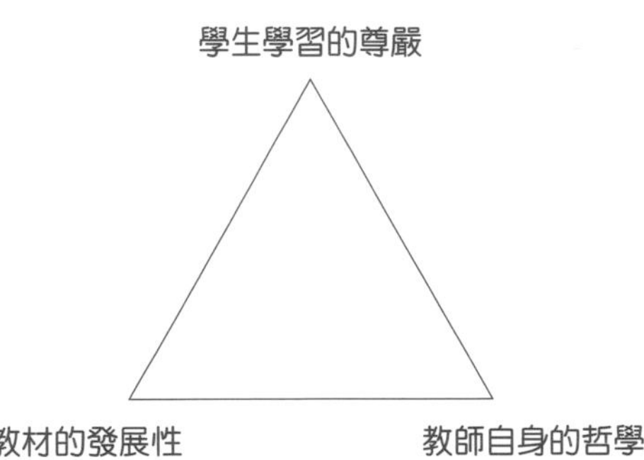

中，相互學習、相互成長。

因此，課堂研議會必須轉變成能夠令人熱衷於相互學習的會議。以往的研議會，眾多發言都傾向「哪裡教得好」、「哪裡教得不好」的評價式意見。但是光提出「好的課堂」或「不好的課堂」的評價，不可能讓教師有所成長。那些觀察課堂後馬上產生的評價，多半出自經驗不足、教育能力不強的教師之口；真正擁有豐富教學經驗的優秀教師，在觀察課堂時絕對不給予評價。「在哪個部分學生的學習成立？」、「在哪個部分學生的學習出現瓶頸？」、「哪裡還可能加以創造更深入的學習？」，以專家為目標逐

相互學習的教師們（中學）

公開研究會的風景（高中）

漸成長、成熟的教師，在課堂研究時必須詳細思考、省察學習的事實，並專注於自己的學習。在課堂研議會中還必須實現一個學習風格：**不針對課堂的優劣進行「評價」或「建議」，而是根據課堂的事實互相學習**。

以往的課堂研議會，常出現以說話大聲的教師為中心進行會議的情況。然而，真正做到課堂實踐的優秀教師，其實是相當沉靜的。為了尊重這些常被埋沒的聲音，**有必要在課堂研議會中規定每人至少發言一次**。在課堂研議會中不發一語，本來就是對授課者相當失禮的表現；因此，在研議會時，感謝授課者提供寶貴的學習經驗，表示自身的尊敬之意，才是發展校內同僚性的基礎。

此外，在「學習共同體」的學校的課堂研究，重視事後的研究大於事前的研究。以往的課堂研究常受到「假設—檢證」的古老方式約束，在「計畫」的部分注入極大的精力，研究如何改善教育方式。然而，正確的教學方式有數百種，「假設—檢證」型的研究，反而可能壓制了授課者的構想、個性及哲學，影響其課程設計。所以「學習共同體」的學校所追求的，並非「優秀的課堂」，而是

「學習品質的提升」；在課堂設計中，儘可能地給予授課者自由，並根據學生的學習事實，在課後進行以省察為中心的研議會。新型態的課堂研究，正是以「設計」及「省察」為學習基礎的研究。

課堂研究的改革

「學習共同體」的學校一年最少應根據教師的人數，以學年為單位或學校為單位，召開課堂研議會；許多學校一年最少進行三十回，甚至一百回以上的課堂研究。

課堂研議會的次數愈多，成果愈是豐碩，此為顯而易見的事實。為了充實每一次課堂研議會的內容，不流於形式，有兩個重要條件：一是設定個人研究主題進行課堂研究，以及一年一次以附近學校的教師為對象，進行公開研究會。

通常，日本所有學校都會設定全校的研究主題，以個人為單位設定研究主題的學校極為稀少。為了培育教師朝自律的教育專家成長，並提高校內課堂實踐及課堂研究的程度，支持教師以個人為單位設定研究主題，會比全校統一研究主題更具效果；之後召開課堂研議會，針對教師的研究主題進行相互支援。研究本應以個人為單位進行，為了支援並提高個人研究的程度，構築教師的專家共同體乃是必要之舉，絕對不能反其道而行。

在公開研究會中，輪到公開授課教師的提案課堂固然重要，公開所有課堂的授課也同樣重要[5]。因為公開研究會的中心目的不在於「發表研究成果」，而是公開日常的課堂實踐與鄰近學校的教師相互學習；透由聆聽外部的感想，活化校內的課堂研究。

為了充實課堂研議會並使學校改革成功，教師與研究學者及指導員（supervisor）的協同合作也是重要條件。在日本，「學習共同體研究會」目前約有七十位退休校長及研究學者成立指導員組織，支援全國各地的學校改革。

支援課堂改革及學校改革絕非易事。雖然至今已經協同支援了兩千五百所以上的學校，對我而言，面對每個學校都是新的問題及新的狀況，需要新的創意思維；若未與經驗豐富的指導員協同合作，則不可能實現如此困難的學校改革。試著與能夠信賴的指導員構築協同關係吧！優秀的指導員並非針對課堂改革或學校改革進行指導或建議的人，而是能夠與學校的校長及教師一同相互學習成長的人。

5 譯註：日本「學習共同體」學校的公開研究會中，每次都會輪到一～二位教師公開其課堂，供全體教師觀察，並在其後舉行課堂研議會，討論彼此所觀察與學習到的事實。一年當中，每位教師都會至少輪到一次公開提案課堂。

第六章　與家長、地方教育當局的合作

消除相互的不信任

在「學習共同體」的學校改革中，與家長串連合作、構築與家長互相學習的關係是必要的條件。此外，若無法與地方教育當局形成攜手合作，共同推動學校改革，改革的持續性也會出現困難。學校的改革需由內部出發，但獲得外部的支援才能持續下去。

學校改革最大的阻礙，在於教師與家長間的相互不信任。由於新自由主義的教育政策將教育視為「服務業」，才導致了這個互相不信任的關係。在新自由主義的思想及政策中，教師被視為「提供服務者」，家長被視為「享受服務者」；

在這樣的政策下，家長對教師的不滿與不信任是理所當然的結果，教師對家長也必然抱持同等看法。處於相互不信任的結構下，遭受最大傷害的，還是學生的學習權利。

問題學校、輟學人數眾多的學校、學力低下的學校，問題的根源皆來自於教師與家長的相互不信任：家長將關心重點擺在如何批判學校及教師，而非孩子的教育；教師費盡心力對應家長，而非對應學生的需求。最大的犧牲者，正是我們的孩子。

教育是否真的是「服務業」？答案是否定的。教育是對即將肩負未來社會的孩子的責任，是所有大人的社會責任。教師及家長若無法共同背負責任，則無法構築相互信任的關係；教師或家長若無法共同背負教育責任，則不可能實現每一個學生的學習權利。

面對上述現今學校的最大難題，「學習共同體」的學校改革提出並實踐了「參加學習」的活動系統。「參加學習」指的是家長與地方居民來參與學校改革，與學生及教師一同策劃並參加「學習共同體」的活動。長久以來，學校都會在學期中舉行一次教學觀摩，而「學習共同體」的學校所追求的，是將此教學觀摩轉換為家長及居民皆可參與課堂的「參加學習」。

以往學校與家長的關係都構築在家長會（PTA）的活動上面。家長會的活動固然重要，卻也有其限制。首先，家長會是以幹部成員為主進行活動；其次，活動的內容皆不觸及學校教育。可是為了建立不放棄任何學生、實現每位學生學習權利的學校，即使無法全體參加，至少必須準備能夠使大約八成家長參與的活動。

近年來，有許多學校組成了學校協議會，與地區居民共同推動學校的改革。今後這個系統雖有發展的必要，卻無法保障所有家長直接參與學校改革的機會。最近也有許多學校誠徵家長「志工」，到教室協助課堂實踐。地方居民或許還可稱之為「志工」，然而對於幫助課堂實踐的家長，稱他們為「志工」卻違背了事實。家長與教師共同推動學校改革，並非「志工活動」，而是「共同責任」。我更認為將家長稱為「志工」協助授課一事，因為僅限於少部分的家長，反而更有可能造成家長彼此間聯繫的崩潰，以及對學校的信任感瓦解。在學校改革中務必讓每位家長都能對等的參與改革、構築教師與家長的信賴關係，以及家長與家長間的合作，「參加學習」便是為了實現上述目標所發展出的活動系統。

「參加學習」的效果

「參加學習」的實踐效果遠遠超乎期待。學校將教學觀摩改為「參加學習」後，一夕之間擴大了家長的參與。在日本的學校，小學一年級時通常會有超過半數的家長參與教學觀摩；隨著學年增加，參與的家長人數愈來愈少，到了小學高年級或進入中學，幾乎所有家長只有在運動會或畢業典禮等華麗的大型活動時才會進入學校。況且，在近年的教學觀摩中，家長們即使進入學校，在授課時間裡，待在走廊聊天的家長遠比留在教室觀摩的家長多。不過，這樣的學校在導入

「參加學習」後，參與的家長人數突然增加，每學期實施「參加學習」的學校，都能達到七至八成的家長全學年三學期皆參與活動的效果。因為參與學校改革也是家長的權利。

投入「參加學習」的家長，不是特別針對自己的孩子，而是為了全校學生來參與活動。這種類型的參與和公共活動的策劃，可以產生極大的效果。透過「參加學習」，學校「公共空間」的機能不再是文字敘述而已，得以真正發揮功效。

令人驚訝的是，學校實施每學期的「參加學習」後，家長及地方居民的不滿及抱怨逐漸消失了；換言之，所謂的「怪獸家長」（monster parent）在實施「參加學習」的學校中消失了蹤影。相對地，原本較沉默的家長們轉變成積極參與學校改革，家長的「學習共同體」也就此產生。

雖然在「學習共同體」的學校改革中，「參加學習」的重要性及有效性不容置疑，但不是全部的學校都有實施「參加學習」。即使實施後的效果顯著，可是在實施「參加學習」的學校裡，僅有少部分學校每個月舉行兩次活動，絕大多數的學校都是一學期舉行一次。就算無法一個月舉行兩次「參加學習」，我期望學校至少一個月能舉行一次；可惜的是，這方面的實踐和我個人的期待仍有相當的落差。「參加學習」是唯一能夠構築學校與家長及地區信賴關係的方式，雖然大家已經普遍認識這個觀念，但如何在實踐當中普及，仍是今後進行改革的一大課題。因此，以日本當前的實際情況而言，在「學習共同體」的學校改革中，家長及地方居民的「學習共同體」會比教師及學生的「學習共同體」更晚實現。

「由下而上」也要「由上而下」

推動「學習共同體」的學校改革，除了與家長串連，學校與地區教育當局之間的合作同樣是必要條件。很幸運的是，幾乎所有實施「學習共同體」改革的學校都獲得地方教育當局的支持及支援。多虧了這份支持及支援，如今「學習共同體」的學校改革才得以草根運動的方式，於日本全國三千五百所學校裡實施。此外，以地區為單位，在全區的小學及中學導入「學習共同體」的縣市，也逐漸增加中。

以往的學校改革，進行方式多分為兩種：由政府推動「由上而下」（top-down）的改革，或是學校自主推動「由下而上」（bottom-up）的改革；兩種方式幾乎呈平行線，極少出現交會合作的事例。然而，「學習共同體」追求的是「由下而上」及「由上而下」同時推動並進行的學校改革。首先就必須克服「由上而下」及「由下而上」的對立，並同時堅持學校改革中「內側及外側辯證法」的原則——「學校改革唯有從內側出發，而外側的援助是支持改革持續的力量」。只不過，要讓內側及外側互相合作卻相當困難。

在「學習共同體」的學校改革中，出現了許多「奇蹟般」的成果，讓一些地方的教育當局決定將學校改革計畫立刻導入所有學校；殊不知這個想法可說是完全與學校改革的「內側及外側辯證法」相左。一所學校要做到改革成功，需要一再地深思熟慮、小心累積學生、教師、校長及家長的實踐活動；一下子將改革導入全部學校，並期待改革就能成功，無疑是一種幻想。

既然如此，應該如何使地區的全部學校實施改革？各地的教育當局又應該如何支援？

觀察截至目前為止的事例及成果，**發現「學習共同體」的學校改革獲得有效普及的地區，關鍵在於設立前導校**。像是茅崎市立濱之鄉小學及富士市立岳陽中學，各地先創設一所成功的前導校後，改革便得以出現爆發性的成長，進而實現地方全體的學校改革。我實際觀察日本的各都道府縣，發現只要有一個縣市誕生一所安定、成熟的前導校，馬上就能實現同一地區多數學校的改革。

只是「爆發性的普及」卻非我們的期待，甚至可說是與我們的期待相反。我深信學校改革與普及程度，進展的速度愈緩慢，扎根便愈確實。改革成功的最大條件，在於絕不焦慮及焦急。我時常強調，改革的真諦便是「革命性思考，漸進式改變」（Think revolutionarily, but change evolutionarily.）。要知道學校改革的失敗事例當中，很多都是因為反其道而行——採取了漸進性思考，革命式改變。故，我期待各地方的教育當局，今後也能以學校改革的「內側及外側辯證法」為基礎，提供支持及支援。

第七章　串連海內外網絡

不以改革為「運動」

目前，日本的「學習共同體」學校改革，北至北海道南至沖繩，幾乎所有的都道府縣都有學校正在挑戰。由於各都道府縣的政治、社會、文化背景不同，加上教育改革及課堂研究的傳統及歷史也各有相異之處，事實上，各地的普及程度也出現極大的不同。當前發展得較為困難的地區，是東京都、大阪府、京都府等大都市和政令指定都市[6]，以及北陸、四國、山陰、南九州等偏遠地區。

除了需要因應上述尚未普及地區的跛行現象，更有必要因應的是教師個人的需求。挑戰「學習共同體」的學校之中，校內全體教師都得以挑戰並創造

韓國的學習共同體（京幾道）

中國的學習共同體（哈爾濱）

中國的學習共同體（上海）

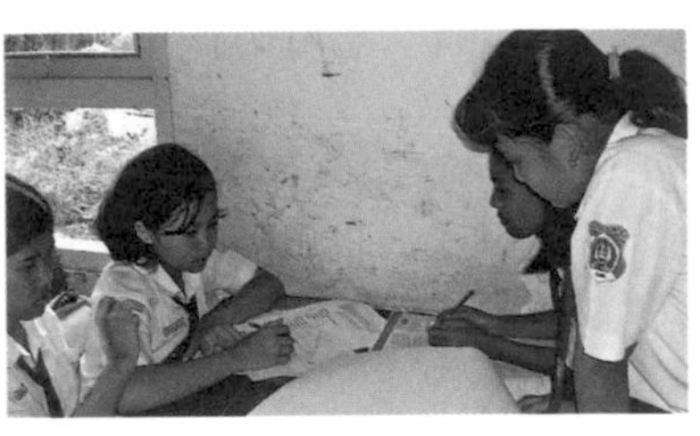

印尼的學習共同體（雅加達）

「二十一世紀的教育」；未以全校為單位進行改革的學校，也有數人、甚至獨自一人的教師在自己的教室內挑戰改革。事實上，許多正在挑戰「學習共同體」學校改革的教師所服務的學校，並沒有參與或策劃學校改革。為了支援這群教師，我們在各地組成了名為「學習會」的非正式研究會，每月展開研究會議。二〇一二年，日本全國約已組成了五十個「學習會」，會裡約有三十至二百名教師參與並從中相互學習。

從實踐的最初，我一直致力絕

不讓「學習共同體」的學校改革流於「運動」。日本教育的失敗點之一，便是以「運動」的方式進行許多教育改革。從明治時代以來，教師們便展開諸多「運動」，「文部科學省」及教師會也都透過「運動」推行改革，其中產生的弊害極為明顯：也就是「運動」會導致「劃一式」主義，出現核心組織及核心領導者，衍生出權力及利益問題。教師們往往會拿「先進」做為形容學校的詞語，我認為此乃錯誤之舉。學校不是用「先進學校」或「遲緩學校」就能做出一分為二的分別。每一所學校的改革都有其珍貴的特性，所謂的優良學校只是出現在各地的數目上的不同，基本上，每一所學校都是優良學校。

因此，**「學習共同體」的學校改革不是一種「運動」，而是一個「網絡」**。這個網絡裡不存在任何的權力中心，每所學校都以自身為中心，自主地、緩慢地、確實地形成改革聯繫。回想過去十五年來的實踐，能有如此全國規模、改革

6 譯註：政令指定都市是指日本政府指定特定人口超過五十萬人的都市，給予較大的自治權限。目前日本全國有二十個政令指定都市。

中心遍布各地的學校改革，在日本教育史上實為前所未有的挑戰，這也是「學習共同體」學校改革的一大祕訣。我相信如此具有創意的改革特徵，今後也不會改變。

改革普及的國際化

最近的十年中，「學習共同體」的學校改革也在國際間呈現爆發性的普及，這是當初未曾預料到的結果；特別在亞洲各國，改革的普及情況尤其顯著。二〇〇〇年前後，亞洲各國均面對嚴厲的國際經濟競爭，另一方面因民主主義的滲透，各國無不以國家政策推動「二十一世紀的學校」改革；亞洲各國甚至比世界其他地區都更為活躍地進行學校改革及課堂改革。這股教育革新的思想，使「學習共同體」的學校改革獲得極大的支持。

「學習共同體」的學校改革得以在國際間普及，有其重要的契機及革新者。舉例來說，南韓孫于正教授創設「學習共同體研究中心」後，成功創設了多所前導校。二〇〇六年時，盧武鉉總統邀請我至教育革新諮詢委員會演講，之後包括京畿道等六大地區都鄰選出具有革新思想的教育局長，從此學校改革一舉拓展至南韓各地。

中國華東師範大學的鐘啟泉教授，翻譯了我的主要著作；鐘教授對中國二〇〇〇年後的教育課程改革，發揮了極大的影響力。由於我的著作發行中文版，讓我在二〇〇六年時受邀至中國人民大會堂發表演講，隨後中國在政府科學技術部也創設了「學習共同體研究中心」，改革從此得以拓展至全中國；二〇一一年，上海市教育局更揭示了「學習共同體」的學校改革為學校的主要政策。

墨西哥在二〇〇〇年到二〇〇四年三度招聘我擔任教育部的政策顧問，並藉此契機創立了以學校為中心的地區共同體，讓改革從此普及。二〇〇四年時，美國教育研究協會（AERA）邀請我前去演講，並以此為展開契機，賓州州立大學等教育研究者開始著手進行改革。

新加坡國立教育研究所齋藤英介、齋藤準教授同樣致力於創立前導校，齋藤準教授更在印尼及越南得到國家研究計畫的支援，與日本國際協力機構（JICA[7]）的津久井純協力進行「學習共同體」的學校改革。

最近學校改革也在台灣越發地普及；國立台北教育大學榮譽教授歐用生、台北市立教育大學教育學院院長陳麗華，以及國立師範大學副教授陳佩英，曾多次與教師至日本訪問前導校；並以我的著作翻譯出版為契機，由台北市政府教育局策劃創設五所前導校。

此外，印度也以我在印度教育學會的學會誌上發表論文為契機，於二〇一〇年由當時的教育學會會長創設了「學習共同體研究中心」。

上述以亞洲各國為中心所展開的「學習共同體」學校改革的國際化，有許多國家都是制定國家計畫、推動由上而下的改革。目前當務之急便是在各地建立安定、成熟的前導校。

7 譯註：日本國際協力機構為Japan International Cooperation Agency，對發展中國家提供技術的支援和協力。

第八章　在各地一同創設前導校

改革的進展與課題

「學習共同體」的學校改革在各地創設前導校，並以前導校為據點串連鄰近學校，形成改革的網絡，進行學校改革的草根運動。這樣的串連方法相當耗時間及精神，卻能產生確實且高品質的實踐。現在，日本全國約有三百所前導校，每所學校每月舉行一次研究會或每年舉行一次公開的研究會，每次的研究會約有五十到八百名教師參加。近年來，日本各地的前導校，每日平均有一到十所的學校舉行公開研究會，一年總數可達近千次。所有學校的年度公開研究會實施計畫，都揭載於「學習共同體研究會」的網頁（http://www.justmystage.com/home/

manabi/）。百聞不如一見，希望大家造訪鄰近學校的公開研究會，實際體會「學習共同體」在學校的實踐。

進行公開研究會時，前導校會公開所有的教室以供參觀，並由一至二位教師公開授課，其後召開公開的課堂研議會[8]。也有不少學校得到家長的協助，公開「參加學習」的實踐情況。在每一所學校均可見到每一位學生真誠的互相學習，每一位教師謹慎並深入的互相學習，一同創造高品質學習的模樣。對於初次參加公開研究會的外來教師而言，最驚訝的莫過於校內的寧靜與安定。原因當然是學生之間及教師之間都已構築出互相聆聽的關係，自然可以形成細膩且互相照顧的共同體，實現寧靜與安定的教室學習環境。這樣的寧靜與安定，形塑出無論何人皆可安心學習的環境。即使只是前去感受氣氛，我都認為非常值得去一趟前導校訪問。

由「學習共同體」的學校改革在日本各地組成的非正式「學習會」，一方面支援所服務學校尚未導入或以個人為單位進行實踐的教師，一方面則促進各地學校改革的交流。而「學習共同體研究會」更在夏、冬兩季舉行兩次合宿[9]研究會，進行全國性的改革交流。

不過，關於前導校的創設，實際上仍有許多待解決的課題。第一是地區差異的問題。目前各地的前導校中，有同一個地區擁有三十所以上前導校的縣市，也有僅數個學校在實踐的縣市。尤其在大都市或政令指定都市裡，前導校的數量相當稀少。這在世界各國都屬於普遍現象，在先進國家裡，都市規模愈大，其平均教育程度愈低、教師水準愈低、學校的危機與教育的差距愈嚴重，教師、學生與家長更是疲於奔命，學校改革益發困難；日本也不例外。如何在大都市擴大創設前導校，發展大都市的學校改革的研究，雖然是相當困難的任務，卻是重點課題

8 譯註：根據一般公開研究會的時間計畫，上午會開放學校內所有教室供鄰近學校教師參觀，外來教師可自由進出任何課堂觀摩。下午會有一到兩堂公開提案課堂，全校教師及外來教師皆參與觀摩，並在課後進行課堂研議會，討論觀課內容。

9 譯註：合宿是指同一社團的成員為了會議或集訓，選擇一間飯店進行兩天一夜的活動。

之一。

此外，「學習共同體」在日本的小學及中學呈現廣泛地普及，但高中的「學習共同體」學校改革，卻相對消極且進行緩慢。就國際情況而言，日本教育中程度最低的就是高中教育。自第二次世界大戰後已經過了六十多年，文部科學省及教育學者卻遲遲未能負起對高中的課堂改革及教師研習的責任；應該負起直接責任的各地教育當局卻被高中及大學入學考試的改革所壓制，無法真正負起課堂改革及教師研習的責任，而讓這個狀況導致出悲慘的結果。正當社會如此變革、學問如此變革、教育如此變革之際，日本高中的課堂風景卻仍與我的高中時代一般，幾乎沒有改變。而且日本高中進行校內研習的機會，在全世界也是最少的。現在仍以傳統授課方式使用黑板及粉筆進行授課的高中，應該只剩日本及北韓了吧！於是，底層學校的課堂崩壞，就連近年來學力較高的升學高中，其課堂也產生崩壞；這可說是必然的結果。

在歐美各國，將傳統授課轉換為協同學習、計畫型課程轉換為單元型課程的改革，都是由大學的課堂改革開始，進而影響至高中，接著啟發了中、小學的改革。日本的「二十一世紀的教育」卻是從小學開始擴展至中學，越過高中普及至大學課堂。長時間被忽略、淪落至谷底的高中如何認真推動課堂改革，確實是一大課題。關於高中的課堂改革，我常聽到相同的意見：只要大學考試制度存在，就不可能實施。這是偏頗之詞。從觀察挑戰「學習共同體」學校改革的高中不難發現，各校在大學考試均獲得飛躍性的成果，就是最好的證明。

從前在中學的改革停滯時，為數眾多的學校或教師就持續認定，只要高中入學考試存在，中學的課堂改革便不可能成功；抑或是學校的學生問題太過嚴重，所以無法實施。在長岡市南中學及富士市岳陽中學的改革尚未成功前，我必須厚顏坦承，自己也曾在心裡暗自質疑；然而，事實證明並非如此。現在，實施「學習共同體」學校改革的中學比小學更加活躍，為學生問題行為而感到苦惱的學校，反而更積極活躍地展開改革的實踐。

今後，「學習共同體」的學校改革在所有的小學、中學及高中，必然成為教育改革的中心推動力之一。所有的實踐都以設立地區第一所前導校開始發展。對本書內容有所感觸的讀者，請放膽挑戰創設地區內的第一所前導校吧！不論學校改革是一項多麼困難的事業，改革的實踐即預知並為了國家的、教育的未來做好準備。

相信「學校改革能夠成功」的人，
所實踐的改革不可能成功；
唯有認知當中的「不可能」，
才有可能將學校改革導向成功之路。

國家圖書館出版品預行編目(CIP)資料

學習共同體——構想與實踐 / 佐藤學文
-- 第一版-- 臺北市 : 天下雜誌， 2013.08
面； 公分-- (學習與教育系列 ; 134)
ISBN 978-986-241-678-5(平裝)
1.學校管理 2.教育改革 3.日本
527 102003921

學習與教育系列 134

學習共同體——構想與實踐

作　　者｜佐藤學
譯　　者｜黃郁倫

責任編輯｜余佩玲
封面設計｜王薏雯
內頁設計｜雷雅婷

發行人｜殷允芃　**執行長**｜何琦瑜　**業務中心副總經理**｜李雪麗
主編｜張淑瓊（童書）、江美滿（專案）、李佩芬（叢書）
副主編｜張文婷、黃雅妮、周彥彤、陳佳聖
編輯｜許嘉諾、蔡珮瑤、熊君君、李幼婷
助理編輯｜余佩雯　**特約資深編輯**｜沈奕伶
資深美術編輯｜林家蓁　**版權專員**｜廖培穎

出版者｜天下雜誌股份有限公司
親子天下地址｜台北市 104 建國北路一段 96 號 11 樓
親子天下電話｜（02）2509-2800　**傳真**｜（02）2509-2462
親子天下網址｜www.parenting.com.tw
讀者服務專線｜（02）2662-0332　**傳真**｜（02）2662-6048
客服信箱｜bill@cw.com.tw　週一～週五：09:00~17:30

法律顧問｜台英國際商務法律事務所・羅明通律師
製版廠｜中原造像股份有限公司
印刷廠｜中原造像股份有限公司
裝訂廠｜聿成裝訂股份有限公司
總經銷｜大和圖書有限公司　電話：（02）8990-2588

出版日期｜2013 年 8 月第一版第一次印行
2015 年 4 月第一版第七次印行
定　　價｜250 元
書　　號｜RCCE0134P
ISBN｜978-986-241-678-5（平裝）

訂購服務
天下雜誌網路書店｜www.cwbook.com.tw
親子天下網站｜www.parenting.com.tw
書香花園｜台北市建國北路二段 6 巷 11 號　電話（02）2506-1635
劃撥帳號｜01895001 天下雜誌股份有限公司